*Was im Kopf einfällt,
muss nicht gleich aus dem Mund fallen.*

Für
Thomas, Clivia, Celine, Cynthia, Till, Jens, Maxime

Andrea Mira Meneghin

Was im Kopf einfällt, muss nicht gleich aus dem Mund fallen.

Aphorismen

Bibliografische Information der Deutschen Nationalbibliothek
Die Deutsche Nationalbibliothek verzeichnet diese Publikation in der
Deutschen Nationalbibliografie; detaillierte bibliografische Daten sind
im Internet über http://dnb.dnb.de abrufbar.

© 2017 Andrea Mira Meneghin
Satz, Umschlaggestaltung, Herstellung und Verlag:
BoD – Books on Demand
ISBN 978-3-7431-7925-7

Inhalt

Mensch...	7
Liebe und Partnerschaft...	27
Kinder...	37
Gesellschaft...	43
Umwelt...	59
Alter...	67
Religion...	71
Ach, ich weiss nicht...	79
Letzteres...	91
Gedichte...	107

Eine Freude war es, dieses Buch zu schreiben.
Eine Freude ist es, die Menschen zu wissen, die mich dabei unterstützt haben.
Dafür bin ich sehr dankbar.
Basel, im Februar 2017

Mensch…

Reden ist Kunst – jeder hört es anders.

*

*Blitzgedanken bedürfen einer Abkühlung,
bevor man daran festhält.*

*

Jede Meinung ist eine kleine Ideologie.

*

*Vieles wird gesagt, weil nicht gesagt werden kann,
was gesagt werden müsste.*

*

*Wir sind alle Künstler – wir leben nach Bildern,
die wir uns selbst malen.*

*

Viele übersehen den andern und erfinden ihn nach Gutdünken.

*

*Menschen, die nach oben keine Luft mehr verspüren,
müssen damit rechnen, dass ihnen die Decke auf den Kopf fällt.*

*

Beschönigen ist unterdrücktes Jammern.

*

*Die Unehrlichkeit Ehrlicher macht mir mehr zu schaffen
als die Lügen Lügender.*

*

Wir denken schneller weg als mit.

*

*Nichts ist unüberwindbarer
als unsere eigenen kleinlichen Grenzen.*

*

*Manche lesen Kalendersprüche,
damit die Tage bis zum Ableben gezählt und gezähmt sind.*

*

*In manchen Köpfen wird eine Suppe gebraut –
mit Zutaten ohne Herstellernachweis.*

*

*Wir schreien nach totaler Zuneigung
und verachten diese Abhängigkeit.*

*

Gut sind die, die auf Böses gut reagieren.

*

*Wir verbringen viel Zeit damit,
unsere Nächsten in Frage zu stellen, ohne Fragen zu stellen.*

*

*Wir bleiben, was gedacht wird –
wir sind, was gefühlt wird.*

*

*Sich feiernde Gutgelaunte wie Schlechtgelaunte nerven
gleichermassen – eine Art Zeitverschwendung.*

*

Für viele ist der Steinmeissel das wichtigste Lebenswerkzeug.

*

*Jeder Mensch ist sein eigenes Labyrinth – wir lassen uns mehr
oder weniger davon irritieren, bei uns selbst oder beim anderen.*

*

*Es ist wahr – manchmal glaube ich lieber der Lüge –
mit Überzeugung.*

*

Das Leben ist eine Placebo-Party.

*

Eitel sind die geistig Reichen.

*

Ein Stein ist ein Stück Berg – Ein Berg ist ein Stück Stein.

*

Akustische Strömungen strapazieren die Geschmacksnerven.

*

*Mancher versteckt seinen Kontrollzwang
hinter grenzenloser Hilfsbereitschaft.*

*

Weisheit beginnt dort, wo Manipulation endet.

*

*Nichts sagen wollen zu etwas, funktioniert besser,
wenn man etwas dazu sagt.*

*

Tief gedacht sind wir alle oberflächlich.

*

*Was wir nicht kennen, stört uns –
was uns stört, glauben wir zu kennen.*

*

*Das Gesicht verrät oft mehr als die Worte,
die aus dessen Mund fallen.*

*

*Auch die innerste Stimme kann von aussen kommen –
Ohren sind flexibel.*

*

Eigentore sind das Tor der Schadenfreude.

*

Nicht der heisseste Sommertag erhitzt die Gemüter so sehr wie die Gefühlskälte.

*

Die Gewöhnung im emotionalen Bereich unterliegt einer Halbwertzeit.

*

Viele verbieten sich selber das Maul.

*

Der Weg ist das Ziel – ein Versuch, dem statischen Begriff "Ziel" etwas Beweglichkeit einzuhauchen.

*

Wir erfinden immer wieder das Rad neu und drehen langsam durch.

*

Früher war es nicht besser – es wäre eine Kapitulationserklärung an die Zukunft.

*

Bewegungen sind im Zeitraffer trotzdem die gleichen.

*

Für viele ist der Blick in den Spiegel eine optische Täuschung, die es zu manipulieren gilt.

*

Geliebt werden reicht uns nicht – wir wollen, dass wir speziell geliebt werden.

*

Das Ego ist eine Augenkrankheit; Kurzsichtigkeit, Tunnelblick bis zur völligen Betriebsblindheit sind die Folgen.

*

Zweckoptimismus hat was Pessimistisches.

*

Durch Einstellungen werden Einstellungen eingestellt – oder eingestellt.

*

Wir wollen überall Unendlichkeit, um endlich zufrieden zu sein.

*

Ein hohes Tempo ermöglicht vielleicht einen Vorsprung, aber man kommt nicht unbedingt vorwärts.

*

*Ein arroganter Mensch glaubt,
dass andere sein Leben beleidigen.*

*

Das Spezielle der Menschen ist seine Vorliebe für das Spezielle.

*

Es gibt welche, die reden nicht gerne darüber, was sie lieben, sie handeln einfach aufgrund dessen – sie reden auch nicht gerne darüber, was sie hassen.

*

*Der Apfel fällt nicht weit vom Stamm –
eine Meinung auch nicht.*

*

Verdichtete Wut erzeugt dicke Luft.

*

Die Angst vor Verlust lähmt die Angst vor Zerstörung.

*

Der Mensch verdrängt, dass er verdrängt.

*

An das Gute im Menschen zu glauben, ist eine weitere Herausforderung unserer Zeit.

*

*Unerträglich an anderen ist nicht ihr Anderssein,
sondern dass diese gleichermassen in den
Fragen des Lebens keine Antwort wissen.*

*

Das Gegenteil von sozial sind sozialromantische Vorstellungen.

*

Jede Familie ist in ihrer Tabu-Dramatik nicht zu übertreffen.

*

*Den Lieben kann man nichts verzeihen –
man kann sie nur ertragen.*

*

Anstrengende Menschen strengen sich nicht an.

*

Es braucht keinen Hass, um nicht zu lieben.

*

Wenn die Guten nichts tun, ist das schlecht. Wenn die Schlechten nichts tun, ist das gut. Untätigkeit kann man Ersteren vorwerfen und bei Letzteren kann man darüber froh sein.

*

Wir müssen nicht ständig tiefsinnig hinterfragen, um weiter zu kommen – manchmal sind es ganz einfach nur Gewohnheiten, die es zu überprüfen gilt.

*

Unsere Schuldgefühle machen uns zu Opfern und Tätern – selten zu Schöpfern.

*

Familiär zelebrierte Harmonien unterstehen meistens fundamentalistischen Gesetzen.

*

Spitze Bemerkungen ersetzen keine stichhaltigen Argumente.

*

Reine Gefühle entstehen manchmal in dreckigen Gedanken.

*

Das Leben ist für viele eine reine Zielscheibe – Angst, getroffen oder nicht getroffen zu werden.

*

Wir glauben, wir sind unschuldig, wenn wir andere nicht beschuldigen.

Liebe und Partnerschaft...

*In einer Beziehung ist es hilfreich,
eine Beziehung zur Beziehung zu haben.*

*

Liebe kennt keine Grenzen – die muss man selber setzen.

*

Meistens verstehen wir den anderen nicht – doch der Versuch alleine genügt, damit sich der andere verstanden fühlt.

*

Beim Sex reiben sich die Gemüter.

*

Man denkt den anderen immer ein bisschen gut und ein bisschen schlecht – das darf einem nicht nur ein bisschen interessieren.

*

Ehe: Nudeln sind Teigwaren – Teigwaren sind nicht Nudeln.

*

Die Liebe kann man nicht begehren, aber sich nach ihr ausrichten – indem man das Leben begehrt.

*

Probleme mit einer Trennung haben die, welche lieber gemeinsam einsam als alleine einsam sind.

*

Was im Kopf einfällt, muss nicht gleich aus dem Mund fallen.

*

Eine Partnerschaft will geliebt werden.

*

Verziehen ist, wenn ein Stück Geschichte nicht mehr belastet, ohne dass sie vergessen geht.

*

Erwartungen provozieren Nötigungen.

*

Denken, bevor reden – nicht reden, danach ignorieren.

*

Was Hänschen lernt, verlernt Hans hoffentlich wieder.

*

Probleme kann man an der Wurzel packen, wenn sie eingegraben sind – manchmal liegen sie einfach nur herum.

*

*In hitzigen Diskussionen
verliert mancher seine intellektuelle Würde.*

*

Gerade in Partnerschaften fehlen oft die Partner.

*

Wir suchen im anderen was dieser auch nicht findet.

*

*Paare verstehen sich am besten, wenn sie damit umgehen
können, dass sie sich niemals verstehen werden.*

*

*Manchmal muss man sein Maul spazieren führen,
um eine Schlacht zu verhindern.*

*

*In einer Beziehung
muss man ein bisschen aufeinander aufpassen.*

*

Wenn jemand dir das Leben versüsst, streu kein Salz darüber.

*

In einer Ehe nerven uns viele Dinge aus Gewohnheit.

*

*Manchmal erwarte ich von anderen, dass sie keine
Erwartungen an mich haben.*

*

Vorwürfe sind das Schiesspulver der eigenen Überforderung.

*

*Jemanden zu lieben ist anstrengender als ihn zu hassen
— aber angenehmer.*

*

*In einer Partnerschaft spüren wir manchmal,
dass der andere uns liebt, manchmal erahnen wir es,
und manchmal müssen wir einfach daran glauben.*

*

Es hat mit Bequemlichkeit zu tun, die guten und schlechten Seiten eines Menschen kompatibel zu machen.

*

Das Vorspiel kann man im Nachspiel nachholen.

*

Die Liebe kann man sich problemlos einreden oder ausreden – am besten man redet darüber.

*

In einer Beziehung ist es hilfreich, seine Erwartungen in Wünsche umzuwandeln – so wirst du nicht enttäuscht, sondern höchstens überrascht.

Kinder…

Kinder geben in ihrem Spiel allem eine Seele.

*

Kinder brauchen dein Lachen, um dein Weinen zu verstehen.

*

Eltern wissen es nicht immer besser, aber oft wissen sie weiter.

*

*Das Kind erlebt das Gute als selbstverständlich –
es braucht das Gegenteil nicht als Vergleich.*

*

Dein Kind lehrt dich – dein Kind braucht dich.

*

Beim Schimpfen schrumpfen wir.

*

*Unsere Kinder brauchen eine intakte Welt
und keine stolzen Eltern.*

*

*Vom Umgang mit dir selbst lernt es, mit deinem Sein identifiziert
es sich und mit deiner Liebe ernährt es sich – dein Kind.*

*

Kein Mensch glaubt an die Unfehlbarkeit – ausser dem Kind.

*

Erspart den Kindern Scham - sie haben keinerlei Gegenmittel für dieses Seelengift, da sie sich immer noch im Paradies empfinden.

*

Freud hätte eine wahre Freude im Heute, doch wir sind eine neue Generation von Müttern und Vätern – er müsste einiges erweitern, anpassen und modifizieren.

*

Es gibt Eltern, die ihr eigenes kindliches Defizit auffüllen, indem sie es besser machen wollen bei ihren Kindern.

*

Zeigen Kinder Respekt, haben sie Angst.

*

Spielende Kinder spielen uns ihre Lebensfreude nicht vor.

*

Manchmal verspielen Kinder ihre Spielzeit mit gamen.

Gesellschaft...

Paradies auf Erden heisst nicht Schlaraffenland für wenige.

*

Die weltweite Grundversorgung ist einer Finanzdiktatur unterworfen, die die Abgründe des Menschen aufs Schärfste ausreizt.

*

Der Mut, frei zu denken, kostet vielen die Freiheit.

*

Terror, das schwärzeste Loch der Hilflosigkeit.

*

Das meiste Geld befindet sich in den Köpfen der Menschen.

*

*Wie kann ich meinem Herzen folgen,
wenn Flüchtlinge dasselbe nicht tun dürfen?*

*

Die Lage offenbart Gleiches verschieden.

*

Viele Inländer machen aus Ausländern Rausländer.

*

Theorien können in sich aufgehen und draussen abgehen.

*

Viele Reiche haben die Angewohnheit, künstliche Bescheidenheit zu leben, um das Glücksgefühl von Ausnahmen nicht ganz zu verlieren.

*

Ach, hätten wir doch einen Plan, was wir an Theorien entwickeln.

*

Fantastisch, wie schnell und fehlerfrei wir alles rechnen können – und trotzdem werden wir im Teilen immer schlechter.

*

Dekadenz: Besser eine Taube auf dem Dach als eine Wurst in der Hand.

*

Fremdenhass ist die abartige Folge einer Politik der Angst und Ignoranz.

*

Ideologien sind die Taufbecken von Gehirnwäschen.

*

Nur Reiche verurteilen Reiche und dies auch nur, bis sie selbst so reich sind – die Armen haben andere Themen.

*

*Alles ist symbolisch gemeint –
kein Grund, nur symbolisch zu handeln.*

*

*Offiziell gibt es den Erklärungsnotstand in der Politik nicht –
das erklärt alles.*

*

Am liebsten hätten wir unseren eigenen Personalpolitiker.

*

Geiz ist eine Form von Diebstahl.

*

Heute ist Gott das Geld – an ihm wird alles gemessen.

*

Das Leben ist ein Geschenk. Bei vielen Menschen ist diese Geschenkbox leer. Sie sind deshalb nicht unsere Feinde.

*

Politik ist, wenn Gerechte und Ungerechte um ihre Gesinnung von Gerechtigkeit mit gerechten oder ungerechten Mitteln buhlen oder diese verteidigen.

*

Unsere Sozial- und Umweltsünden sind immer billiger zu haben – dafür werden wir teuer bezahlen.

*

*Die, die den Hals nie voll kriegen,
haben das Problem mit ihrem Magen nicht.*

*

Die letzten Tränen der Menschheit berühren niemanden mehr.

*

*Die Wurzeln vieler Flüchtlinge sind zerstört, sie können nicht
mehr davon leben; sie leben von ihren Hoffnungen, und wir
tun gut daran, diese Hoffnungen nicht zu zerstören.
Alles andere wird als eine weitere unerklärbare Hässlichkeit in
die Geschichtsbücher eingehen.*

*

*Man muss als Mensch, und dabei nicht am Menschen vorbei,
denken.*

*

Alle Menschen, die zu uns flüchten, brauchen unsere Hilfe und nicht unsere Meinung.

*

Idole verleiten zu Ideologien.

*

"Geben" ist nicht das Synonym von "Rechte erkaufen".

*

Wenn Männer es in ihrer Rolle als Mann schwer haben, ist das ein Tabu oder dramatisch – bei den Frauen normal, weil es schon immer so war.

*

Wir schaffen es, unseren Planeten zu zerstören, aber wir sind überfordert, jedes Kind zu ernähren.

*

Ein Durstiger interessiert sich nicht dafür, ob sein Glas mit Wasser halbvoll oder halbleer ist.

*

Viele würden sparen, wenn sie dabei reich würden.

*

Direktheit ist eine positive Auslegung von Frech im oberen Segment hierarchischer Konstellationen.

*

Böses gutet das Gute.

*

Jede Ideologie ist tödlich –
sie verlangt und rechtfertigt unterschiedliche Opfer.

*

Die Überflussgesellschaft begehrt, was sie nicht schätzt.

*

Wir ertrinken noch im eigenen dekadenten Moralmorast.

*

*Wenn eine Ideologie Mitglieder braucht,
hat das immer eine minifaschistische Komponente.*

*

Wir lehren Geschichte und wir lernen nichts daraus.

*

*Was treibt die Menschen an? Was lässt sie abtreiben?
Dann gibt es noch die Vertriebenen.*

*

Eine Spassgesellschaft lacht sich grundsätzlich kaputt.

*

*Wir Menschen sind Verpackungskünstler
und können bald einpacken.*

*

Fasten – Situationskomik in der reichen Gesellschaft.

*

*Eine künstliche Bedürfnisflut überrollt wenige auf Kosten
Grundbedürfnisse vieler.*

*

*Es gibt Wohlhabende und es gibt Minderbemittelte –
Genughabende existiert nicht einmal als Wort.*

*

*Solange wir nicht umverteilen,
ist jegliches Politisieren lächerlich.*

*

Es gibt immer weniger Arbeit – dabei hätten wir genug zu tun.

*

*Man überschätzt den Gehalt von Medien
und unterschätzt deren Wirkung.*

*

Auf Krieg reimt sich niemals Sieg, auch wenn es sich so anhört.

*

Die Werbung verbietet zu fühlen, was wir brauchen.

*

*Die meisten Menschen arbeiten, leiden
oder sterben für wenige, die darüber stehen.*

Umwelt…

Universal gesehen sind wir wahrscheinlich die dümmsten Lebewesen – ausser wir schaffen es noch, das Ding zu drehen.

*

Aktuell produzieren wir vor allem bleibende Schäden.

*

Die Menschheit tut so, als wäre es schon zu spät.

*

Heute ist es besser, nicht das Beste zu nehmen, sondern es bleiben zu lassen.

*

Jeder Mensch braucht eine Privatsphäre – die Erde auch.

*

*Der Mensch ist einfach noch nicht fähig,
mit seinen Fähigkeiten sorgsam umzugehen.*

*

*Indem die Menschen immer mehr vom Leben wollen,
vernichten sie die Lebensgrundlagen.*

*

Die Menschen vergreifen sich dauernd im Ton mit Mutter Erde.

*

*Die menschliche Habgier
übersteigt die Vorstellungskraft der Evolution.*

*

Geozentrisch – Heliozentrisch - Egozentrisch.

*

*Wir müssen mehr gegen die Zerstörung kämpfen,
als um die fehlende Liebe zu weinen.*

*

Passiert nichts – geschieht viel.

*

*Es geht nicht mehr um die Frage des Masses,
sondern um drastische Reduktion.*

*

*Trotz Klimaerwärmung kommt dem Sommer
ein kalter Wind entgegen.*

*

*Wir können uns viel leisten – die
Egozentrik definitiv nicht mehr.*

*

*Der Mensch verändert die Welt, und passt sich dabei ihr nicht
an – die Welt verändert den Menschen nicht,
und passt sich dabei ihm an.*

*

Weniger ist heute Alles.

*

*Das Blatt hat sich gewendet –
die Erde braucht unsere Ressourcen, um zu überleben.*

*

*Vieles, was wir als normal betrachten,
nicht einmal mehr wahrnehmen, ist abartig unnötig.*

*

Naturkatastrophen sind immer mehr menschengemacht.

*

*Gewisse Zustände erlauben es nicht mehr
im Kleinen anzufangen.*

*

*Die Jahreszeiten bestimmen den Alltag der Erde,
wäre nicht der Mensch dazwischen gekommen.*

*

Leute, die Erde ist keine Scheibe - also kein Ende in Sicht.

Alter...

*Sich über das Altern beklagen dürfen die älteren Menschen –
die jüngeren wollen schliesslich alt werden.*

*

Alle Wege führen nach Himmel.

*

Tot ist eigentlich nur die Unsterblichkeit.

*

Das Alter verunstaltet den Körper und gestaltet die Seele.

*

*An der Weisheit schnuppert, wer im Älterwerden jünger wird,
ohne dabei kindisch zu wirken.*

*

Mit jedem Geburtstag erhöhen sich die Faltungsmöglichkeiten.

*

*Ab einem gewissen Alter muss man auch keine Kompromisse
mehr eingehen, und seien diese noch so warmherzig.*

*

Das Altern kann man nicht verjüngen, aber verlängern.

*

*Wenn sich das Alter sichtlich bemerkbar macht, fängt man an,
ältere Menschen genauer zu beobachten.*

Religion…

Wäre Gott Materie, hätte er keine Energie mehr.

*

Ausgerechnet an Weihnachten werden viele Menschen daran erinnert, dass sie nichts geschenkt bekommen.

*

An was glaubt Gott?

*

Stell dir vor, Gott wäre wirklich so, wie die Menschen ihn denken – das wäre fatal.

*

*Die Psyche ist der Motor für vieles –
wenn der Tank leer ist, hilft Spirit weiter.*

*

Die Religiösen provozieren die Glaubwürdigkeit der Gläubigen.

*

*Es gibt Menschen, denen reicht die Unfehlbarkeit Gottes,
um hier alles falsch zu machen.*

*

*Der Mensch denkt, dass das wahr ist, was er selber glaubt –
eine Religion jenseits aller Religionen.*

*

*Was dem Menschen heilig ist,
wird mit unheiligen Mitteln verteidigt.*

*

Das Leben ist mehr als eine Moralpredigt.

*

Gott ist kein Statussymbol.

*

Esoterik ist eine kosmische Natura-Freikirche.

*

*Mancher stellt sich beim Thema Tod, tot –
für das Leben je nachdem schwierig.*

*

Das Leben versteht dich – sonst wärst du nicht hier.

*

*Gott ist nicht verantwortlich, was die Menschen tun –
es braucht auch keine Menschen, die diese Verantwortung
für ihn übernehmen.*

*

*Wir müssen den Religionen in uns selbst einen guten Platz geben
– wir können das nicht anderen überlassen und uns wundern,
wie diese damit umgehen.*

*

*Das Lichtlein im Stall ist bei diesem Weihnachts-
Beleuchtungsspektakel schwierig zu erkennen.*

*

*Atheismus ist auch eine Glaubensrichtung –
man glaubt darin der eigenen Vorstellung.*

*

*Religiöse Gutmenschen sind gefährliche Mitmenschen.
Religiöse Menschen sind Gläubige.*

*

*Wenn du die Gelegenheit hast, dich auf Weihnachten zu freuen,
dann tu es – egal, was andere denken.*

Ach, ich weiss nicht...

Dort, wo die Steine liegen, verläuft dein Weg.

*

In Zeiten melancholischer Einsamkeit bin ich am liebsten mit meinen Gedanken zusammen.

*

Nach dem Beben dem Leben eine kleben.

*

Wir müssen damit rechnen, dass uns das meist nicht gelingt – und wenn doch, macht es nicht unbedingt glücklich.

*

Wenn du weinst, rettest du dein Herz vor dem Ertrinken.

*

*Universum: Ohne dich geht gar nichts,
obwohl das niemand interessiert.*

*

Da gibt es Geschenke – da hat man tatsächlich das Geschenk.

*

Psychische Gewalt – seelische KO-Tropfen.

*

*Es ist schwierig zu sich zu stehen –
weil man schneller abseits steht.*

*

Wir sind nichts – das heisst aber nicht, dass wir für nichts leben.

*

Leere Augen sind voller Tränen.

*

*Dauernde Vernachlässigung seiner selbst lähmt den Willen
für das Gegenteil.*

*

*Saubermänner sind manchmal Dreckskerle –
den Sauberfrauen ist das grundsätzlich egal.*

*

*Traurigkeit schafft immer Bewegung – manchmal im Kreis,
doch die Möglichkeit eines Richtungswechsels ist jederzeit
vorhanden.*

*

Leben relativiert das Nichts.

*

Der Vogel fliegt – er wartet nicht, bis ihn ein Sturm davonträgt.

*

Hass ist eine Krebsversion von Wut.

*

Sich einer Nötigung verweigern, ist nicht egoistisch.

*

Mancher ist dir mehr Freund, als du denkst.

*

An Silvester trinken Menschen auf die Kraft lichter Hoffnungen der Neujahrsnacht, oder sie betrinken sich auf das kommende Jahr weiterer Hoffnungslosigkeit.

*

Zum Glück haben Spiegel keine Augen.

*

*Bei einem Winterblues sehnt man sich nach dem Frühling –
bei einer Winterdepression ist diese Tür zu.*

*

*Durch bittere Tränen kann sich das Seelengift besser
verflüchtigen.*

*

*Ein seelisches Bremspedal: wenn man auffällig oft meint,
es sei zu spät.*

*

*Schlafstörung: Wenn die Nacht nicht mit dir einschläft
und der Tag dich nicht wachküsst.*

*

Menschen, denen du egal bist, lassen dich zumindest leben.

*

*Wenn du das Leben nicht lieben kannst – dann lebe es so gut
wie dir möglich, das genügt vollkommen.*

*

Tränen waschen den Sand aus dem Herzgetriebe.

*

*Schlechte Gedanken sind dazu da, um sie zu erkennen –
die guten, um zu leben.*

*

*Einsam in der Einsamkeit sind jene,
die sich darin durch andere gestört fühlen.*

*

*Mit Alkohol kann man ertränken, was man nicht findet.
Häufige Anwendung lähmt die Lust am Suchen.*

*

Fair ist meistens anders, aber ein „immerhin" ist schon viel.

*

*In einer Depression ist der Lebenshunger so stark,
dass man keinen Appetit mehr darauf verspürt.*

*

*Jeder Blick in die Augen des anderen ist eine Umarmung –
das will aber nicht jeder.*

*

An Silvester feiert oder beerdigt man seine Hoffnungen.

*

*Der Sinn des Lebens muss man nicht erkennen – manchmal
reicht es, einer möglichen Sinnlosigkeit freundschaftlich zu
begegnen.*

*

*Lass dich von dir nicht täuschen –
dann enttäuscht dich eigentlich nichts mehr.*

Letzteres…

Ist man ziellos, steht einem die ganze Welt offen.

*

*Der Anblick einer aufgehenden Knospe genügt,
um Wesentliches zu erahnen.*

*

*Die Vergangenheit und die Zukunft können dich nicht mehr
als kitzeln – an der Gegenwart kitzelst du.*

*

Rennst du vor dir weg, kitzelt dich ständig was im Nacken.

*

*Das Spezielle an Schmetterlingen ist, dass man deren
Flügelschlag förmlich riechen kann.*

*

*Nicht jeder Stein liegt auf dem Weg –
manchmal ist er im Schuh zu finden.*

*

*Wir können niemanden verändern –
Gott hätte das schon längstens getan.*

*

Besser aktiv faul als passiv träg.

*

Mach dir nie ein Bild von einem Foto.

*

*Es ist angenehmer, gewissen Träumen zu folgen,
als von ihnen verfolgt zu werden.*

*

*Freunde sind da, wenn man sie nicht braucht –
weil, das braucht man.*

*

*Je weniger das Ziel in der Zukunft fixiert ist,
umso besser kann es dir entgegenkommen.*

*

Ein Geschenk wird zum heimlichen Auftrag, wenn wir heimlich eine bestimmte Reaktion erwarten.

*

Wenn du neben dir stehst, ist es irritierend für Menschen, die zu dir stehen möchten.

*

In den Augen des anderen, bist du jemand, den du selbst gar nicht kennst – aber du erfährst viel über diese Augen.

*

Man kann die Vergangenheit kaltpressen oder warmkochen.

*

Vollendete Tatsachen sind meist ein Anfang.

*

Zu leicht hat man's schwer.

*

Wenn wir etwas verlieren, haben wir verloren oder gewonnen.

*

*Es ist nicht unbedeutend,
wenn dich deine Nachbarn liebevoll grüssen.*

*

Viele finden ihren eigenen Weg, indem sie kopieren.

*

*Es ist nicht schlimm, wenn du nicht liebst,
solange du dich nicht dafür rächst.*

*

*Du bist immer dich selbst,
auch wenn du jemand anders scheinst.*

*

*Du kannst alles Mögliche wirkungsvoll umarmen, wenn
niemand da ist, der dich umarmt.*

*

*Das Herz fände es ziemlich herzlos,
wenn man es ohne Verstand nutzen würde.*

*

Alles Denkbare ist erlebbar auf eine Weise.

*

Alles, was man macht, macht man zum ersten Mal.

*

*Eigenverantwortung sportlich erklärt:
Im Spielfeld hat es kein Umfeld.*

*

Der Schnee von Morgen kann jetzt in einer Speicherzelle eines Kamelmagens in der Wüste lagern.

*

Das Leben gönnt dir ein Überleben – alles andere geschieht – manchmal hast du sogar Einfluss darauf.

*

Willst du jede Minute das Leben auskosten, verlierst du Stunden der Gelassenheit.

*

Bei einem guten Glas Wein fragt niemand nach den schlechteren Trauben darin.

*

Im Kopf kannst du dir denken, was dein Herz fühlt.

*

Eine Erkenntnis ist kein Sofa.

*

Bleiben wir vermehrt auf dem Boden unserer Wünsche.

*

Nimm nichts persönlich – nimm's menschlich.

*

Kräfte, die wir nicht messen können, sind unermesslich.

*

Wenn es dich runterzieht, versuch die Schwerkraft aufzuheben, indem du deine Flügel ausbreitest.

*

Impulsive Menschen erwecken nicht zwingend neue Impulse.

*

Oberflächlicher Smalltalk ist immer noch angenehmer als tiefsinnige Unfreundlichkeit.

*

Die Benutzerfreundlichkeit des eigenen Desktops muss eingeschränkt werden, wenn man sich in einem Update befindet.

*

Silvester impliziert Fehlleistungen und Versäumnisse – alle wünschen dir, dass du es im neuen Jahr besser machst.

*

Wenn du in andere Welten abtauchst – ertrinke nicht dabei.

*

Ich erschrecke jeweils über die Kraft meiner Überzeugung von etwas, bei dem sich nachher herausstellt, dass es falsch war.

*

Bleib so, wie du nicht bist – das gibt deinem "Bist" Platz.

*

*Glück hat ausschliesslich derjenige,
welcher es als solches erkannt hat.*

*

Wenn du dich veränderst, veränderst du die Welt nicht. Wenn es dir dabei besser geht, geht es der Welt nicht besser. Springst du aus diesem Grund von der Brücke, wird die Welt das nicht bemerken. Trotzdem, das Leben versucht alles, dir ein Leben zu ermöglichen – warum solltest du es nicht leben und alles versuchen, dass es für dich und alle lebenswert ist und bleibt?

*

Träume machen aus unseren Gefühlen eine Geschichte, damit wir sie lesen können.

*

*Das Leben umarmt dich –
manchmal sanft, manchmal erdrückend.*

*

*Wir müssen uns mit Freude damit abfinden, dass wir geistige
Rosinenpicker sind – weit weg von der Weisheit.*

*

*Im Strom schwimmen und gewisse Gegenbewegungen
mitzumachen, ist effektiver,
als alleine in der Gegenrichtung zu strampeln.*

*

Dein Denken hat mit deinem Erleben der Dinge zu tun.

*

Mit seinen Freunden spielen, ist kein Freundschaftsspiel.

*

Schon rein körperlich funktioniert der Kopf nicht ohne Herz.

*

Alles, was der Sonne begegnet, wirft Schatten – alles, was dem Schatten begegnet, wirft kein Licht (ausser die Sonne).

*

Die Ecken unserer Erfahrungen runden das Leben ab.

Gedichte…

Herbst

Es zieht sich zurück
zu mir
ich selbst
so auch der Baum draussen
letzte Blätter
geduldig sind diese
in nebliger Dämmerung
kalt ist der Mantel der nahenden Zeit
mich gefriert
meine Seele sammelt sich irgendwo
so nah

Traurig bin ich, niemand da –
betrinke mich mit Wasser,
halte meine Hand.

sterntaler

*wenn tiefe zärtlichkeit
in einer zerrissenheit
dir zuflüstert
sprache der stille
welche nichts als
dein innerstes
noch verborgen
weinende glück
zum lächeln bringt
scheint das leben
mehr als alles
unbekannte leichtigkeit
weit weg und unmittelbar
du darin getragen*

Ich bin 1967 in Basel geboren und wohne in dieser Stadt. Studiert habe ich Soziale Arbeit in Basel. Das Weltgeschehen, das Älterwerden, der Familienalltag mit Mann, sechs Kindern und inzwischen bald fünf Enkelkindern, bringen mich zum Lächeln, Weinen und zum Nachdenken. Manchmal fühlt es sich leicht an, manchmal schwer. Dies wird in diesem zweiten Buch spürbar, obwohl es sich nahtlos dem ersten Buch "Die Kontrolle der Kontrolle ist das Mass der Freiheit", mit weiteren über 300 Aphorismen und drei Gedichten anschliesst. Inzwischen ist eine eigene Homepage entstanden, über welche man mich gerne kontaktieren kann, wenn Fragen oder Anregungen auftauchen.

www.andrea-mira-meneghin.ch